學校 - l'école — 2
旅行 - le voyage — 5
交通運送 - le transport — 8
城市 - la ville — 10
地形 - le paysage — 14
餐館 - le restaurant — 17
超市 - le supermarché — 20
飲料 - les boissons — 22
食物 - l'alimentation — 23
農場 - la ferme — 27
房子 - la maison — 31
客廳 - le salon — 33
廚房 - la cuisine — 35
浴室 - la salle de bain — 38
兒童房 - la chambre d'enfant — 42
衣服 - les vêtements — 44
辦公室 - le bureau — 49
經濟 - l'économie — 51
職業 - les professions — 53
工具 - les outils — 56
樂器 - les instruments de musique — 57
動物園 - le zoo — 59
體育 - les sports — 62
活動 - les activités — 63
家 - la famille — 67
身體 - le corps — 68
醫院 - l'hôpital — 72
緊急情形 - l'urgence — 76
地球 - la terre — 77
鐘錶 - ...heure(s) — 79
週 - la semaine — 80
年 - l'année — 81
形狀 - les formes — 83
顏色 - les couleurs — 84
反義詞 - les oppositions — 85
數字 - les nombres — 88
語言 - les langues — 90
誰/什麼/如何 - qui / quoi / comment — 91
方位 - où — 92

Impressum
Verlag: BABADADA GmbH, Nedderfeld 112 , 22529 Hamburg
Geschäftsführer / Verlagsleitung: Harald Hof
Druck: Books on Demand GmbH, In de Tarpen 42, 22848 Norderstedt

Imprint
Publisher: BABADADA GmbH, Nedderfeld 112 , 22529 Hamburg, Germany
Managing Director / Publishing direction: Harald Hof
Print: Books on Demand GmbH, In de Tarpen 42, 22848 Norderstedt

教室
la salle de classe

除
diviser

186/2

黑板
le tableau noir

校園
la cour (de récréation)

老師
le professeur

紙
le papier

書寫
écrire

筆
le stylo

辦公桌
le bureau

直尺
la règle

書
le livre

學生
l'élève

書包
le cartable

鉛筆盒
la trousse

鉛筆
le crayon

削鉛筆機
le taille-crayon

橡皮擦
la gomme

畫板
le carnet à dessin

圖畫
le dessin

畫筆
le pinceau

顏料盒
la boîte de peinture

剪刀
les ciseaux

膠水
la colle

練習冊
le cahier d'exercices

家庭作業
les devoirs

數字
le chiffre

加
additionner

減
soustraire

乘
multiplier

計算
calculer

字母
la lettre

字母表
l'alphabet

字
le mot

課文

le texte

讀

lire

粉筆

la craie

上課

la leçon

登記

le livre de classe

考試

l'examen

證書

le certificat

校服

l'uniforme scolaire

教育

la formation

百科全書

le lexique

大學

l'université

顯微鏡

le microscope

地圖

la carte

廢紙簍

la corbeille à papier

飯店
l'hôtel

青年旅社
l'auberge

外幣兌換處
le bureau de change

手提箱
la valise

汽車
la voiture

語言
la langue

是/否
oui / non

好的
d'accord

您好
Salut

翻譯人員
l'interprète

謝謝
merci

......多少錢？

Combien coûte...?

我不明白

Je ne comprends pas

問題

le problème

晚上好！

Bonsoir !

早上好！

Bonjour !

晚安！

Bonne nuit !

再見

Au revoir

方向

la direction

行李

les bagages

包

le sac

背包

le sac-à-dos

客人

l'hôte

房間

la pièce

睡袋

le sac de couchage

帳篷

la tente

旅行資訊

l'office de tourisme

海灘

la plage

信用卡

la carte de crédit

早餐

le petit-déjeuner

午餐

le déjeuner

晚餐

le dîner

票

le billet

電梯

l'ascenseur

郵票

le timbre

邊界

la frontière

海關

la douane

大使館

l'ambassade

簽證

le visa

護照

le passeport

交通運送
le transport

飛機
l'avion

船
le navire

消防車
le véhicule de pompiers

卡車
le camion

公車
le bus

汽艇
le bateau à moteur

汽車
la voiture

腳踏車
la bicyclette

渡輪
le ferry

小船
la barque

機車
la moto

警車
la voiture de police

賽車
la voiture de course

租車
la voiture de location

拼車

l'auto-partage

拖車

la voiture de remorquage

垃圾車

la benne à ordures

馬達

le moteur

汽油

l'essence

加油站

la station d'essence

交通標識

le panneau indicateur

交通

le trafic

交通堵塞

l'embouteillage

停車場

le parking

火車站

la gare

軌道

les rails

火車

le train

路面電車

le tramway

客車廂

le wagon

直升機

l'hélicoptère

機場

l'aéroport

塔

la tour

乘客

le passager

集裝箱

le conteneur

紙板箱

le carton

手推車

le chariot

籃子

la corbeille

起飛/降落

décoller / atterrir

城市

la ville

村莊

le village

市中心

le centre-ville

房子

la maison

電影院
le cinéma

廣告
la publicité

路燈
le réverbère

街道
la rue

計程車
le taxi

小吃店
le kiosque

行人
le piéton

人行道
le trottoir

斑馬線
le passage piéton

垃圾箱
la poubelle

十字路口
le carrefour

紅綠燈
les feux de circulation

小屋
la cabane

公寓
l'appartement

火車站
la gare

市政廳
la mairie

博物館
le musée

學校
l'école

大學

l'université

銀行

la banque

醫院

l'hôpital

飯店

l'hôtel

藥房

la pharmacie

辦公室

le bureau

書店

la librairie

商店

le magasin

花店

le fleuriste

超市

le supermarché

市場

le marché

百貨商店

le grand magasin

魚店

la poissonnerie

購物中心

le centre commercial

海港

le port

公園
le parc

長凳
la banque

橋
le pont

樓梯
les escaliers

捷運
le métro

隧道
le tunnel

公車站
l'arrêt de bus

酒吧
le bar

餐館
le restaurant

郵筒
la boîte à lettres

路標
le panneau indicateur

停車計時器
le parcmètre

動物園
le zoo

游泳池
le réverbère

清真寺
la mosquée

農場

la ferme

污染

la pollution

墓地

la cimetière

教堂

l'église

操場

l'aire de jeux

寺廟

le temple

地形
le paysage

樹葉
la feuille

指示牌
le panneau indicateur

路
le chemin

草地
le pré

石頭
la pierre

樹
l'arbre

徒步旅行者
le randonneur

河
la rivière

草
l'herbe

花
la fleur

峽谷

la vallée

丘陵

la montagne

湖

le lac

森林

la forêt

沙漠

le désert

火山

le volcan

城堡

le château

彩虹

l'arc-en-ciel

蘑菇

le champignon

棕櫚樹

le palmier

蚊子

le moustique

蒼蠅

la mouche

螞蟻

les fourmis

蜜蜂

l'abeille

蜘蛛

l'araignée

甲蟲

le coléoptère

青蛙

la grenouille

松鼠

l'écureuil

刺蝟

le hérisson

野兔

le lièvre

貓頭鷹

la chouette

鳥

l'oiseau

天鵝

le cygne

野豬

le sanglier

鹿

le cerf

麋鹿

l'élan

水壩

le barrage

風力發電機

l'éolienne

太陽能電池板

le panneau solaire

氣候

le climat

服務生
le serveur

菜譜
le menu

椅子
la chaise

披薩餅
la pizza

湯
la soupe

桌布
la nappe

餐具
les couverts

前菜
les hors d'œuvre

主菜
le plat principal

甜點
le dessert

飲料
les boissons

食物
l'alimentation

瓶子
la bouteille

速食

le fast-food

街邊小吃

les plats à emporter

茶壺

la théière

糖盒

le sucrier

一份飯菜

la portion

義式咖啡機

la machine à expresso

高腳椅

la chaise haute

帳單

la facture

托盤

le plateau

刀

le couteau

餐叉

la fourchette

勺子

la cuillère

茶匙

la cuillère à thé

餐巾

la serviette

玻璃杯

le verre

碟子

l'assiette

湯盤

l'assiette à soupe

碟子

la soucoupe

醬

la sauce

鹽瓶

la salière

胡椒研磨罐

le moulin à poivre

醋

le vinaigre

食用油

l'huile

調味料

les épices

番茄醬

le ketchup

芥末

la moutarde

美乃滋

la mayonnaise

超市
le supermarché

特價
l'offre promotionnelle

顧客
le client

乳製品
les produits laitiers

水果
les fruits

購物車
le chariot

肉鋪
la boucherie

麵包店
la boulangerie

稱重
peser

蔬菜
les légumes

肉
la viande

冷凍食品
les aliments surgelés

冷盤
la charcuterie

罐頭食品
les conserves

洗衣粉
la poudre à lessive

甜食
les bonbons

日用品
les articles ménagers

清潔用品
les détergents

銷售員
la vendeuse

收銀機
la caisse

收銀員
le caissier

購物清單
la liste d'achats

開放時間
les heures d'ouverture

錢包
le portefeuille

信用卡
la carte de crédit

袋子
le sac

塑膠袋
le sac en plastique

水

l'eau

果汁

le jus de fruit

牛奶

le lait

可樂

le coca

紅酒

le vin

啤酒

la bière

酒

l'alcool

可可

le chocolat chaud

茶

le thé

咖啡

le café

義式濃縮咖啡

l'expresso

卡布奇諾

le cappuccino

香蕉

la banane

蘋果

la pomme

柳丁

l'orange

西瓜

le melon

檸檬

le citron.

胡蘿蔔

la carotte

大蒜

l'ail

竹子

le bambou

洋蔥

l'oignon

蘑菇

le champignon

堅果

les noisettes

麵條

les pâtes

義大利麵

les spaghetti

米飯

le riz

沙拉

la salade

薯條

les pommes frites

炸馬鈴薯

les pommes de terre rôties

披薩餅

la pizza

漢堡

le hamburger

三明治

le sandwich

炸豬排

l'escalope

火腿

le jambon

義大利臘腸

le salami

香腸

la saucisse

雞肉

le poulet

烤肉

le rôti

魚

le poisson

燕麥片

les flocons d'avoine

木斯里

le muesli

玉米片

les cornflakes

麵粉

la farine

牛角麵包

le croissant

麵包捲

les petits-pains

麵包

le pain

吐司

le pain grillé

餅乾

les biscuits

奶油

le beurre

凝乳

le fromage blanc

蛋糕

le gâteau

蛋

l'œuf

煎蛋

l'œuf au plat

起司

le fromage

冰淇淋

la glace

糖

le sucre

蜂蜜

le miel

果醬

la confiture

巧克力醬

la crème nougat

咖哩

le curry

農舍
la ferme

糧倉
la grange

稻草捆
la botte de paille

田野
le champ

馬
le cheval

拖車
la remorque

馬駒
le poulain

拖拉機
le tracteur

驢
l'âne

羔羊
l'agneau

羊
le mouton

山羊
la chèvre

奶牛
la vache

小牛
le veau

豬
le porc

小豬
le porcelet

公牛
le taureau

鵝

l'oie

鴨

le canard

小雞

le poussin

母雞

la poule

公雞

le coq

鼠

le rat

貓

le chat

老鼠

la souris

牛

le bœuf

狗

le chien

狗屋

le chenil

花園澆水軟管

le tuyau de jardin

澆水壺

l'arrosoir

長柄大鐮刀

la faucheuse

犁

la charrue

鐮刀
la faucille

鋤頭
la pioche

長柄草耙
la fourche

斧頭
la hache

獨輪手推車
la brouette

飼料槽
la cuve

牛奶罐
le pot à lait

麻布袋
le sac

柵欄
la clôture

馬廄
l'étable

溫室
le serre

土壤
le sol

種子
les semences

肥料
l'engrais

聯合收割機
la moissonneuse-batteuse

收割

récolter

收割

la récolte

地瓜

l'igname

小麥

le blé

大豆

le soja

土豆

la pomme de terre

玉米

le maïs

油菜籽

le colza

果樹

l'arbre fruitier

樹薯

le manioc

穀物

les céréales

煙囱
la cheminée

屋頂
le toit

落水管
la gouttière

窗戶
la fenêtre

車庫
le garage

門鈴
la sonnette

門
la porte

垃圾桶
la poubelle

信箱
la boîte aux lettres

花園
le jardin

客廳

le salon

浴室

la salle de bain

廚房

la cuisine

臥室

la chambre à coucher

兒童房

la chambre d'enfant

餐廳

la salle à manger

地板

le sol

牆壁

le mur

天花板

le plafond

地窖

la cave

三溫暖

le sauna

陽臺

le balcon

露臺

la terrasse

游泳池

la piscine

割草機

la tondeuse à gazon

被單

la housse

床罩

la couette

床

le lit

掃帚

le balai

水桶

le sceau

開關

l'interrupteur

壁紙
le papier peint

相片
l'image

檯燈
la lampe

擱架
l'étagère

櫥櫃
l'armoire

電視
la télé

壁爐
la cheminée

花
la fleur

墊子
le coussin

沙發
le sofa

花瓶
le vase

遙控器
la télécommande

地毯
le tapis

窗簾
le rideau

餐桌
la table

椅子
la chaise

搖椅
la chaise à bascule

扶手椅
le fauteuil

書
le livre

毯子
la couverture

裝飾品
la décoration

木柴
le bois de chauffage

電影
le film

高傳真音響
la chaîne hi-fi

鑰匙
la clé

報紙
le journal

油畫
la peinture

海報
le poster

收音機
la radio

筆記本
le bloc-notes

吸塵器
l'aspirateur

仙人掌
le cactus

蠟燭
la bougie

冰箱
le réfrigérateur

微波爐
le four à micro-ondes

廚房秤
la balance de cuisine

烤麵包機
le grille-pain

洗潔精
le détergent

烤箱
le four

冰櫃
le compartiment congélateur

垃圾桶
la poubelle

洗碗機
le lave-vaisselle

炊具
le four

鍋
la casserole

鑄鐵鍋
la marmite

炒鍋
le wok / kadai

平底鍋
la poêle

水壺
la bouilloire electrique

蒸鍋

le cuiseur vapeur

烤盤

la plaque de cuisson

陶瓷鍋

la vaisselle

馬克杯

le gobelet

碗

la coupe

筷子

les baguettes

長柄勺

la louche

鏟子

la spatule

攪拌器

le fouet

濾網

la passoire

篩子

le tamis

磨碎機

la râpe

研缽

le mortier

燒烤

le barbecue

明火

la cheminée

菜板
la planche à découper

擀麵杖
le rouleau à pâtisserie

開瓶器
le tire-bouchon

罐子
la boîte

開罐器
l'ouvre-boîte

隔熱手套
les maniques

水槽
le lavabo

刷子
la brosse

海綿
l'éponge

攪拌機
le mixeur

冷藏箱
le congélateur

奶瓶
le biberon

水龍頭
le robinet

供暖裝置
le chauffage

淋浴
la douche

毛巾
la serviette

浴簾
le rideau de douche

泡沫浴
le bain moussant

浴缸
la baignoire

玻璃杯
le verre

洗衣機
la machine à laver

瓷磚
le carrelage

水龍頭
le robinet

便壺
le pot

水槽
le lavabo

廁所
les toilettes

蹲便器
la toilette à la turque

坐浴器
le bidet

小便斗
l'urinoir

廁紙
le papier toilette

馬桶刷
la brosse à toilette

牙刷
la brosse à dents

牙膏
le dentifrice

牙線
le fil dentaire

洗
laver

手持式蓮蓬頭
la douche manuelle

沖洗器
la douche intime

洗臉盆
la vasque

洗背刷
la brosse dorsale

肥皂
le savon

沐浴露
le gel douche

洗髮乳
le shampooing

法蘭絨
le gant de toilette

排水
l'écoulement

乳霜
la crème

除臭劑
le déodorant

浴室 - la salle de bain

鏡子

le miroir

手鏡

le miroir cosmétique

刮鬍刀

le rasoir

刮鬍泡沫

la mousse à raser

鬍後水

l'après-rasage

梳子

la peigne

刷子

la brosse

吹風機

le sèche-cheveux

噴髮定型劑

la laque pour cheveux

化妝品

le fond de teint

唇膏

le rouge à lèvres

指甲油

le vernis à ongles

化妝棉

l'ouate

指甲剪

le coupe-ongles

香水

le parfum

洗漱包

la trousse de toilette

le tabouret

凳子

le tabouret

計重秤

le pèse-personne

浴袍

le peignoir

橡膠手套

les gants de nettoyage

衛生棉條

le tampon

衛生棉

les serviettes hygiéniques

化學廁所

la toilette chimique

鬧鐘
le réveil

毛絨玩具
le doudou

玩具車
la voiture jouet

撥浪鼓
le hochet

玩具屋
la maison de poupée

禮物
le cadeau

氣球
le ballon

床
le lit

嬰兒車
la poussette

撲克牌
le jeu de cartes

拼圖
le puzzle

漫畫
la bande dessinée

樂高積木

les pièces lego

積木玩具

les blocs de construction

公仔

la figurine

嬰兒服

la grenouillère

飛盤

le frisbee

床鈴玩具

le mobile

棋盤遊戲

le jeu de société

骰子

le dé

火車模型

le train miniature

安撫奶嘴

la sucette

派對

la fête

繪本

le livre d'images

球

la balle

洋娃娃

la poupée

玩

jouer

兒童房 - la chambre d'enfant

沙坑

le bac à sable

鞦韆

la balançoire

玩具

les jouets

電玩遊戲

la console de jeu

三輪車

le tricycle

泰迪熊

l'ours en peluche

衣櫃

l'armoire

衣服

les vêtements

襪子

les chaussettes

長襪

les bas

緊身褲

le collant

圍巾
l'écharpe

皮帶
la ceinture

雨傘
le parapluie

T恤
le t-shirt

運動鞋
les baskets

靴子
les bottes

拖鞋
les pantoufles

涼鞋
les sandales

鞋
les chaussures

雨靴
les bottes de caoutchouc

內褲
les sous-vêtements

胸罩
le soutien-gorge

背心
le maillot de corps

衣服 - les vêtements

45

身體
le body

褲子
le pantalon

牛仔褲
le jean

短裙
la jupe

女式襯衫
le chemisier

襯衫
la chemise

套頭衫
le pull

連帽上衣
le sweat à capuche

西裝夾克
la veste

夾克
la veste

外套
le manteau

雨衣
l'imperméable

套裝
le costume

連衣裙
la robe

婚紗
la robe de mariée

西裝

le costume

睡袍

la chemise de nuit

睡衣

le pyjama

莎麗

le sari

頭巾

le foulard

包頭巾

le turban

波卡

la burqa

卡夫坦

le caftan

(阿拉伯式)長袍

l'abaya

泳衣

le maillot de bain

男式泳褲

le maillot de bain

短褲

le short

運動服

la tenue d'entraînement

圍裙

le tablier

手套

les gants

鈕扣

le bouton

眼鏡

les lunettes

手鏈

le bracelet

項鍊

le collier

戒指

la bague

耳環

la boucle d'oreille

便帽

le bonnet

衣架

le cintre

帽子

le chapeau

領帶

la cravate

拉鍊

la fermeture éclair

安全帽

le casque

背帶

les bretelles

校服

l'uniforme scolaire

制服

l'uniforme

圍兜
le bavoir

安撫奶嘴
la sucette

尿布
la lange

辦公室
le bureau

伺服器
le serveur

檔案櫃
l'armoire d'archivage

印表機
l'imprimante

螢幕
l'écran

紙
le papier

辦公桌
le bureau

滑鼠
la souris

資料夾
le classeur

鍵盤
le clavier

廢紙簍
la corbeille à papier

電腦
l'ordinateur

椅子
la chaise

咖啡杯
la tasse de café

計算機
la calculatrice

網際網路
l'internet

筆記型電腦
l'ordinateur portable

信件
la lettre

簡訊
le message

行動電話
le portable

網路
le réseau

影印機
la photocopieuse

軟體
le logiciel

電話
le téléphone

插座
la prise

傳真機
le fax

表格
le formulaire

檔案
le document

買
acheter

付錢
payer

交易
faire du commerce

現金
la monnaie

美元
le dollar

歐元
l'euro

日元
le yen

盧布
le rouble

瑞士法郎
le franc suisse

人民幣
le renminbi yuan

盧比
la roupie

提款處
le distributeur automatique

外幣兌換處

le bureau de change

金

l'or

銀

l'argent

石油

le pétrole

能源

l'énergie

價格

le prix

合約

le contrat

稅金

la taxe

股票

l'action

工作

travailler

職員

l'employé

老闆

l'employeur

工廠

l'usine

商店

le magasin

警官
l'agent de police

消防員
le pompier

廚師
le cuisinier

醫師
le médecin

飛行員
le pilote

園丁

le jardinier

木匠

le menuisier

裁縫

la couturière

法官

le juge

化學家

le chimiste

演員

l'acteur

公車司機

le conducteur de bus

計程車司機

le chauffeur de taxi

漁夫

le pêcheur

清洗女工

la femme de ménage

屋頂工

le couvreur

服務生

le serveur

獵人

le chasseur

畫家

le peintre

麵包師

le boulanger

電工

l'électricien

建築工人

l'ouvrier

工程師

l'ingénieur

屠夫

le boucher

水管工

le plombier

郵差

le facteur

士兵

le soldat

建築師

l'architecte

收銀員

le caissier

花農

le fleuriste

理髮師

le coiffeur

售票員

le contrôleur

機械技師

le mécanicien

船長

le capitaine

牙醫

le dentiste

科學家

le scientifique

拉比

le rabbin

伊瑪目

l'imam

和尚

le moine

牧師

le prêtre

鐵錘
le marteau

鉗子
les pinces

螺絲起子
le tournevis

扳手
la clé

手電筒
la torche

挖掘機

la pelleteuse

工具箱

la boîte à outils

梯子

l'échelle

鋸子

la scie

釘子

les clous

鑽機

la perceuse

修
réparer

鏟子
la pelle

糟糕！
Mince !

畚箕
la pelle

油漆桶
le pot de peinture

螺絲
les vis

les instruments de musique

打擊樂器
la batterie

揚聲器
le haut-parleurs

吉他
la guitare

低音提琴
la contrebasse

小號
la trompette

鋼琴

le piano

小提琴

le violon

貝斯

la basse

定音鼓

les timbales

鼓

le tambour

電子琴

le piano électrique

薩克斯風

le saxophone

長笛

la flûte

麥克風

le microphone

老虎
le tigre

入口
l'entrée

籠子
la cage

斑馬
le zèbre

動物飼料
l'alimentation animale

熊貓
le panda

動物

les animaux

大象

l'éléphant

袋鼠

le kangourou

犀牛

le rhinocéros

大猩猩

le gorille

熊

l'ours

駱駝

le chameau

鴕鳥

l'autruche

獅子

le lion

猴子

le singe

紅鶴

le flamand rose

鸚鵡

le perroquet

北極熊

l'ours polaire

企鵝

le pingouin

鯊魚

le requin

孔雀

le paon

蛇

le serpent

鱷魚

le crocodile

動物園管理員

le gardien de zoo

海豹

le phoque

美洲豹

le jaguar

矮種馬

le poney

豹

le léopard

河馬

l'hippopotame

長頸鹿

la girafe

老鷹

l'aigle

野豬

le sanglier

魚

le poisson

龜

la tortue

海象

le morse

狐狸

le renard

羚羊

la gazelle

橙欖球
l'american Football

騎腳踏車
le cyclisme

網球
le tennis

籃球
le basket-ball

游泳
la natation

拳擊
la boxe

冰球
le hockey sur glace

美式足球

le football

羽毛球

le badminton

田徑

l'athlétisme

手球

le handball

滑雪

le ski

馬球

le polo

跳
sauter

擁抱
embrasser

笑
rire

走路
marcher

唱
chanter

做夢
rêver

祈禱
prier

親吻
faire la bise

書寫
écrire

畫
dessiner

展示
montrer

推
pousser

給
donner

拿
prendre

有
avoir

做
faire

當
être

站
être debout

跑
courir

拉
trier

丟
jeter

摔倒
tomber

躺
être couché

等待
attendre

攜帶
porter

坐
être assis

穿衣
s'habiller

睡覺
dormir

醒來
se réveiller

看
regarder

哭
pleurer

擊
caresser

梳頭
peigner

交談
parler

明白
comprendre

問
demander

聽
écouter

喝
boire

吃
manger

清理
ranger

愛
aimer

做飯
cuire

開車
conduire

飛
voler

航行

faire de la voile

計算

calculer

讀

lire

學習

apprendre

工作

travailler

結婚

se marier

縫

coudre

刷牙

brosser les dents

殺

tuer

抽菸

fumer

寄

envoyer

la famille

祖母
la grand-mère

祖父
le grand-père

父親
le père

母親
la mère

嬰兒
le bébé

女兒
la fille

兒子
le fils

客人

l'hôte

阿姨

la tante

叔叔

l'oncle

兄弟

le frère

姐妹

la sœur

前額
le front

眼睛
l'œil

肩膀
l'épaule

手指
le doigt

臉
le visage

下巴
le menton

手
la main

乳房
la poitrine

腿
la jambe

手臂
le bras

嬰兒
le bébé

男人
l'homme

女人
la femme

女孩
la fille

男孩
le garçon

頭
la tête

背部

le dos

肚子

le ventre

肚臍

le nombril

腳趾

l'orteil

腳後跟

le talon

骨頭

l'os

臀部

la hanche

膝蓋

le genou

手肘

le coude

鼻子

le nez

屁股

les fesses

皮膚

la peau

臉頰

la joue

耳朵

l'oreille

嘴唇

la lèvre

嘴

la bouche

牙齒

la dent

舌頭

la langue

腦

le cerveau

心臟

le cœur

肌肉

le muscle

肺

les poumons

肝臟

le foie

胃

l'estomac

腎臟

les reins

性交

le rapport sexuel

保險套

le préservatif

卵子

l'ovule

精子

le sperme

懷孕

la grossesse

月事

la menstruation

陰道

le vagin

陰莖

le pénis

眉毛

le sourcil

頭髮

les cheveux

脖子

le cou

醫院
l'hôpital

急救車
l'ambulance

輪椅
le fauteuil roulant

骨折
la fracture

醫師
le médecin

急診室
le service des urgences

護理師
l'infirmière

緊急情形
l'urgence

昏迷
inconscient

痛
la douleur

受傷

la blessure

出血

l'hémorragie

心臟病發作

la crise cardiaque

中風

l'attaque cérébrale

過敏

l'allergie

咳嗽

la toux

發燒

la fièvre

流感

la grippe

腹瀉

la diarrhée

頭痛

le mal de tête

癌症

le cancer

糖尿病

le diabète

外科醫師

le chirurgien

手術刀

le scalpel

手術

l'opération

電腦斷層掃描

le CT

X光

la radiographie

超音波

l'échographie

口罩

le masque

疾病

la maladie

候診室

la salle d'attente

拐杖

la béquille

石膏

le pansement

繃帶

le pansement

注射

l'injection

聽診器

le stéthoscope

擔架

le brancard

體溫計

le thermomètre

出生

l'accouchement

超重

la surcharge pondérale

助聽器

l'appareil auditif

消毒液

le désinfectant

感染

l'infection

病毒

le virus

愛滋病

le VIH / le sida

藥物

le médicament

接種疫苗

la vaccination

藥片

les comprimés

藥丸

la pilule

急救電話

l'appel d'urgence

血壓計

le tensiomètre

生病/健康

malade / sain

救命！

Au secours !

警報

l'alarme

突擊

l'assaut

攻擊

l'attaque

le danger

危險

緊急出口

la sortie de secours

失火了！

Au feu!

滅火器

l'extincteur

意外

l'accident

急救箱

la trousse de premier
secours

呼救訊號

SOS

員警

la police

歐洲

l'Europe

北美洲

l'Amérique du Nord

南美洲

l'Amérique du Sud

非洲

l'Afrique

亞洲

l'Asie

澳洲

l'Australie

大西洋

l'Océan atlantique

太平洋

l'Océan pacifique

印度洋

l'Océan indien

南冰洋

l'Océan antarctique

北冰洋

l'Océan arctique

北極

le Pôle nord

南極

le Pôle sud

南極洲

l'Antarctique

地球

la terre

陸地

le pays

海

la mer

島

l'île

國家

la nation

州

l'état

錶盤

le cadran

時針

l'aiguille des heures

分針

l'aiguille des minutes

秒針

l'aiguille des secondes

現在幾點？

Quelle heure est-il ?

天

le jour

時間

le temps

現在

maintenant

電子錶

la montre digitale

分

la minute

時

l'heure

週

la semaine

週一
lundi

週三
mercredi

週五
vendredi

週二
mardi

週四
jeudi

週六
samedi

週日
dimanche

昨天

hier

今天

aujourd'hui

明天

demain

早晨

le matin

中午

le midi

晚上

le soir

MO	TU	WE	TH	FR	SA	SU
1	2	3	4	5	6	7
8	9	10	11	12	13	14
15	16	17	18	19	20	21
22	23	24	25	26	27	28
29	30	31	1	2	3	4

工作日

les jours ouvrables

MO	TU	WE	TH	FR	SA	SU
1	2	3	4	5	6	7
8	9	10	11	12	13	14
15	16	17	18	19	20	21
22	23	24	25	26	27	28
29	30	31	1	2	3	4

週末

le week-end

雨
la pluie

彩虹
l'arc-en-ciel

雪
la neige

風
le vent

春
le printemps

夏
l'été

秋
l'automne

冬
l'hiver

天氣預告

la météo

溫度計

le thermomètre

陽光

la lumière du soleil

雲

le nuage

霧

le brouillard

潮濕

l'humidité

閃電

la foudre

打雷

la tonnerre

風暴

la tempête

冰雹

la grêle

季風

la mousson

洪水

l'inondation

冰

la glace

一月

janvier

二月

février

三月

mars

四月

avril

五月

mai

六月

juin

七月

juillet

八月

août

九月

septembre

十月

octobre

十一月

novembre

十二月

décembre

形狀
les formes

圓形

le cercle

正方形

le carré

長方形

le rectangle

三角形

le triangle

球體

la sphère

立方體

le cube

白
....
blanc

黃
....
jaune

橙
....
orange

粉
....
rose

紅
....
rouge

紫
....
violet

藍
....
bleu

綠
....
vert

棕
....
marron

灰
....
gris

黑
....
noir

很多/少許

beaucoup / peu

生氣/平靜

fâché / calme

美/醜

joli / laid

首/尾

le début / la fin

大/小

grand / petit

明/暗

clair / obscure

兄弟/姐妹

frère / soeur

乾淨/骯髒

propre / sale

完整/缺失

complet / incomplet

白天/晚上

le jour / la nuit

死/生

mort / vivant

寬/窄

large / étroit

可食用/非食用

comestible / incomestible

邪惡/善良

méchant / gentil

興奮/無聊

excité / ennuyé

胖/瘦

gros / mince

第一/最後

le premier / le dernier

朋友/敵人

l'ami / l'ennemi

滿/空

plein / vide

硬/軟

dur / souple

重/輕

lourd / léger

餓/渴

faim / soif

生病/健康

malade / sain

非法/合法

illégal / légal

聰明/愚笨

intelligent / stupide

左/右

gauche / droite

近/遠

proche / loin

新/舊

nouveau / usé

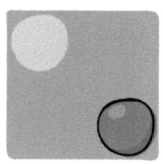

沒有/有些

rien / quelque chose

老/幼

vieux / jeune

開/關

marche / arrêt

打開/闔上

ouvert / fermé

安靜/吵鬧

faible / fort

富/窮

riche / pauvre

對/錯

correct / incorrect

粗糙/光滑

rugueux / lisse

傷心/高興

triste / heureux

短/長

court / long

慢/快

lent / rapide

濕/乾

mouillé / sec

溫暖/涼爽

chaud / froid

戰爭/和平

la guerre / la paix

les nombres

0

零
....
zéro

1

一
....
un / une

2

二
....
deux

3

三
....
trois

4

四
....
quatre

5

五
....
cinq

6

六
....
six

7

七
....
sept

8

八
....
huit

9

九
....
neuf

10

十
....
dix

11

十一
....
onze

12
十二
douze

13
十三
treize

14
十四
quatorze

15
十五
quinze

16
十六
seize

17
十七
dix-sept

18
十八
dix-huit

19
十九
dix-neuf

20
二十
vingt

100
百
cent

1.000
千
mille

1.000.000
百萬
le million

數字 - les nombres

les langues

英語
l'anglais

美式英語
l'anglais américain

普通話
le chinois mandarin

印地語
le hindi

西班牙語
l'espagnol

法語
le français

阿拉伯語
l'arabe

俄語
le russe

葡萄牙語
le portugais

孟加拉語
le bengali

德語
l'allemand

日語
le japonais

我
je

你
tu

他/她/它
il / elle / ce, c', cela

我們
nous

你們
vous

他們
ils / elles

誰？
Qui ?

什麼？
Quoi ?

如何？
Comment ?

何處？
Où ?

何時？
Quand ?

名字
le nom

後面

derrière

裡面

dans

前面

devant

上方

au-dessus

上面

sur

下麵

en-dessous

旁邊

à côté de

中間

entre

地點

le lieu